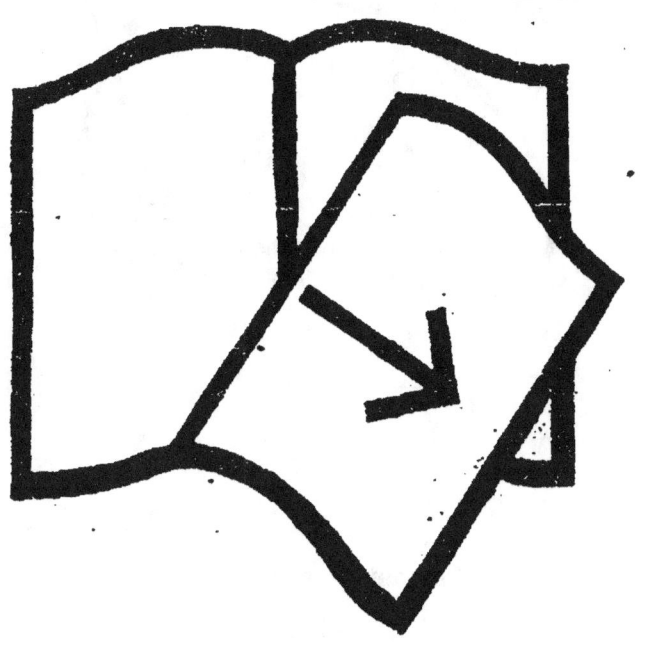

Couverture inférieure manquante

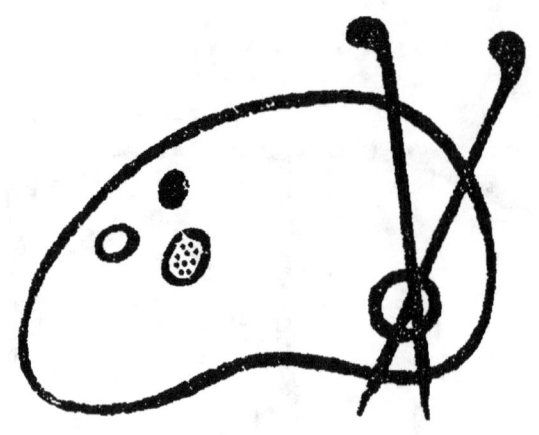

Original en couleur

NF Z 43-120-8

RECTO ET VERSO

LES
MOSAÏQUES BYZANTINES
PORTATIVES

PAR

M. Eugène MÜNTZ

MEMBRE DE LA SOCIÉTÉ FRANÇAISE D'ARCHÉOLOGIE

CAEN

IMPRIMERIE LE BLANC-HARDEL

HENRI DELESQUES, SUCCESSEUR

RUE FROIDE, 2

1886

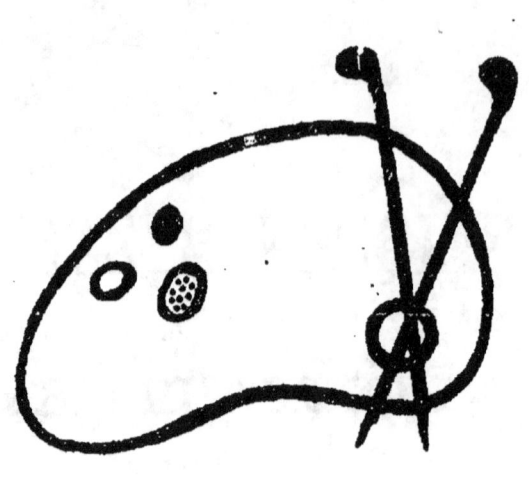

Original en couleur

NF Z 43-120-8

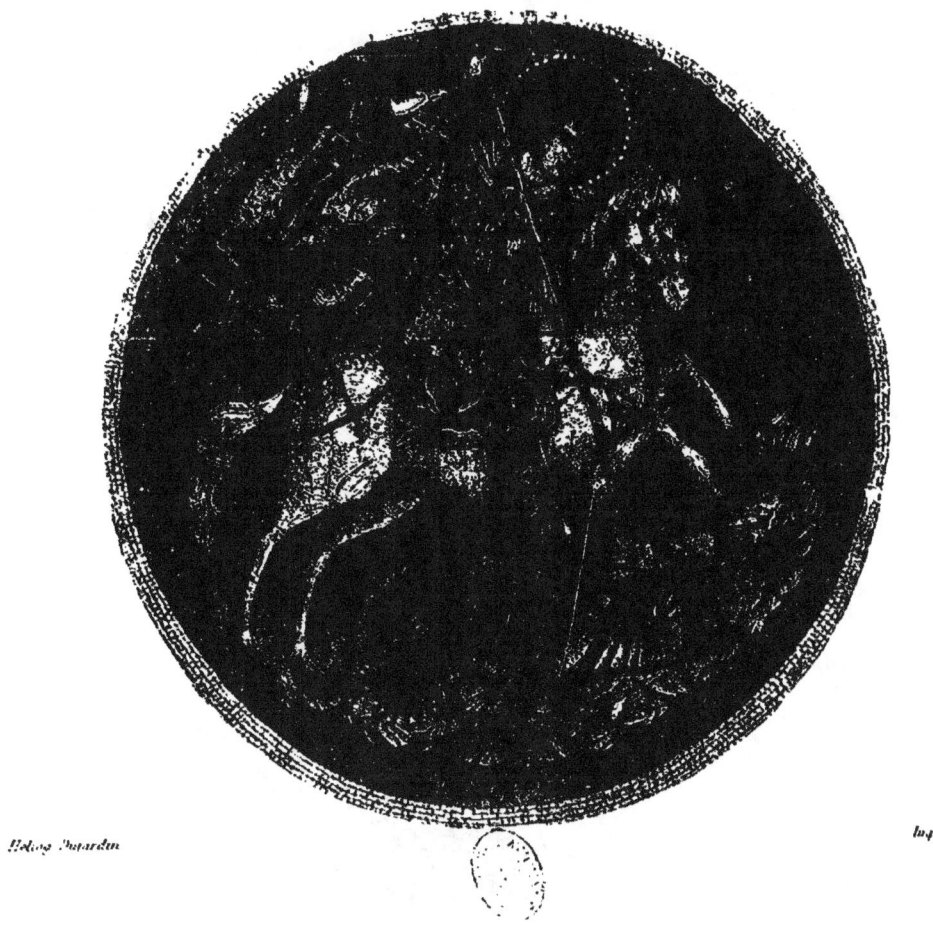

Helios. Dujardin Imp.

SAINT-GEORGES TUANT LE DRAGON

LES

MOSAÏQUES BYZANTINES

PORTATIVES

PAR

M. Eugène MÜNTZ

MEMBRE DE LA SOCIÉTÉ FRANÇAISE D'ARCHÉOLOGIE

CAEN

IMPRIMERIE LE BLANC-HARDEL

HENRI DELESQUES, SUCCESSEUR

RUE FROIDE, 2

1886

Extrait du *Bulletin monumental*, 52ᵉ volume, 1886.

LES

MOSAÏQUES BYZANTINES

PORTATIVES

On donne souvent le nom de mosaïques byzantines
aux grandes incrustations murales, à base de verre ou
d'émail, qui font aujourd'hui encore la gloire des ba-
siliques de Venise, de Ravenne, de Rome, de Palerme,
de Salonique, de Constantinople et de tant d'autres
villes de l'Italie ou de l'Orient. Rien n'est moins fondé
que cette dénomination, quoiqu'elle se rencontre déjà
chez un auteur du moyen âge, Léon d'Ostie (1). En
effet, les Romains du Haut et du Bas-Empire ont connu
et appliqué sur une vaste échelle ce système de déco-
ration. Pour s'en convaincre, il suffit de jeter un coup
d'œil sur les ornements des fontaines de Pompéi, par
exemple, ou encore sur ceux du mausolée de Sainte-
Constance, à Rome ; des surfaces plus ou moins con-
sidérables y sont revêtues de cubes multicolores, formés
de matières vitrifiables. Tout au plus serait-il permis
d'attribuer à l'influence byzantine l'emploi des fonds
d'or, qui, à partir d'un certain moment, sont comme

(1) Voy. Muratori, *Antiquitates italicæ medii ævi.*

inséparables des mosaïques destinées à l'ornementation des parois.

Il est un autre genre d'incrustations sur lequel l'Orient peut élever des prétentions plus légitimes : ce sont les petits tableaux portatifs formés de cubes d'émail et de lamelles de métal. Tout, en effet, tend à prouver que ces ouvrages, dont le fini égale celui des miniatures les plus achevées, ont pris naissance à Constantinople ; bien plus, que cette cité en a eu le monopole pendant tout le moyen âge.

L'antiquité classique ne nous a laissé aucun spécimen de ces sortes de travaux. Trop souvent, il est vrai, elle traitait les mosaïques comme des tableaux de chevalet et s'en servait pour reproduire des peintures d'un caractère peu décoratif ; mais elle ne semble pas les avoir conçues comme des objets isolés, transportables. Les compositions les plus fines, le *Poëte comique* du musée de Naples, les *Colombes* du Capitole, étaient destinées à être encastrées dans le sol et à faire partie intégrante des édifices. Il faut toutefois faire ici une exception. D'après le témoignage de Suétone (1), César emportait avec lui, dans ses expéditions, des pavements en « opus sectile » ou en « opus tessellatum. » Mais ce n'étaient là, sans doute, que des compositions purement ornementales, d'un dessin plus ou moins grossier, destinées à remplacer les tapis.

Quant aux mosaïques de dimensions plus ou moins petites, que l'on trouve dans les catacombes et qui sont fixées sur des plaques de terre cuite (2), elles n'étaient

___

(1) *Vie de César*, § 46, « in expeditionibus tessellata et sectilia pavimenta circum tulit »

(2) « Formati su tavole di terra cotta. » (Boldetti, *Osservazioni sopra i cimeterj de SS. Martiri*; Rome, 1720, p. 522.)

très certainement pas employées à l'origine comme tableaux mobiles portatifs. Si on les a appliquées sur des plaques, c'est qu'il était presque impossible de les faire adhérer directement aux parois de tuf des catacombes.

Il est difficile de préciser le moment où les Byzantins ont commencé à faire usage des tableaux dont nous nous occupons. Labarte est disposé à croire que ce fut vers le X⁰ siècle. Voici comment il s'exprime à ce sujet : « Les mosaïstes byzantins firent, au X⁰ et au XI⁰ siècle, de petits tableaux mosaïques portatifs, dont plusieurs spécimens intéressants sont parvenus jusqu'à nous. On en conservait dans les églises et dans les palais. Le palais impérial en possédait d'excellentes. On en faisait tant de cas qu'ils étaient déposés dans le pentapyrgion, espèce d'armoire coffre-fort placée dans l'abside orientale de la salle du Trône, et où l'on renfermait les pièces les plus précieuses du trésor impérial. Ces petits tableaux, qui reproduisaient le plus ordinairement des sujets de sainteté, recevaient la même destination que les diptyques d'ivoire ; ils étaient offerts, dans les églises, à la vénération des fidèles, se plaçaient dans le palais auprès du lit. Comme tableaux de dévotion, ils étaient transportés avec les bagages précieux dans les voyages et surtout dans les expéditions militaires (1). »

Hâtons-nous d'ajouter que, contrairement à l'opinion de Labarte, la plupart des mosaïques portatives qui nous ont été conservées datent du XII⁰ ou du XIII⁰ siècle.

Rien de plus rare aujourd'hui que ces tableaux.

(1) *Histoire des arts industriels*, 1ʳᵉ éd., t. IV, p. 189-190. 2⁰ éd., t. II, p. 352.

L'historien de l'art byzantin, Unger, n'en connaît que
deux, les deux petits rétables de l'œuvre du Dôme à
Florence ; quant à Labarte, il en cite trois seulement :
les deux mêmes rétables de Florence et la *Transfiguration* du Louvre (1).

Devant une telle pénurie, il m'a semblé utile de
dresser, ne fût-ce qu'à titre d'ébauche, un petit *corpus*
de ces monuments en miniature, d'un caractère si nette-
ment déterminé. Je compte sur l'obligeance de mes
confrères en archéologie pour compléter une liste
forcément très incomplète.

FRANCE.

Paris. Musée du Louvre.

La *Transfiguration*, n° 341 B. du catalogue de
Sauzay. On trouvera une excellente reproduction en couleur de cette mosaïque dans les *Arts au moyen âge et
à l'époque de la Renaissance*, de Labarte, 1re éd., pl.
CXX. Acquis, en 1852, du mosaïste Belloni, pour la
somme de 600 fr. (Renseignement communiqué par
M. Louis Courajod).

— « *Saint Georges combattant le dragon.* — Mé-
daillon circulaire, serti d'un filet rouge et d'un filet
blanc. Diamètre, 0m,21. Saint Georges, nu-tête, nimbé,
revêtu d'une armure et portant un manteau rouge
flottant au vent, est monté sur un cheval blanc lancé
au galop ; il enfonce sa lance dans la gueule du dragon.
Allure superbe. La mosaïque se compose de cubes

(1) *Histoire des Arts industriels*, 2e éd., t. I, p. 305, note 3 ;
t. II, p. 352.

microscopiques de marbre, d'émail, de pointes d'argent ; le travail est d'une finesse extrême, surtout dans le modelé de la tête du cheval. Le fond est verdâtre. Quelques restaurations faites au moyen du pinceau. Acheté à Florence. Travail grec du XIII° siècle. » (Courajod et Molinier, *Donation du baron Davillier. Catalogue des objets exposés au Musée du Louvre*; Paris, 1885, n° 274.)

ITALIE.

Rome. MUSÉE CHRÉTIEN DU VATICAN.

Saint Théodore en guerrier, XIII°-XIV° siècle, n° 632. Voy. Mgr Barbier de Montault, *La Bibliothèque vaticane*, p. 122.

ÉGLISE SAINTE-PRAXÈDE.

Peut-être est-il permis de voir également une mosaïque portative, d'origine byzantine, dans le portrait du Christ que possédait autrefois l'église Sainte-Praxède, à Rome. Les dimensions de cet ouvrage sont un palme de haut sur un palme de large (1). L'inscription grecque qui l'accompagne autorise une pareille hypothèse. Voici comment un auteur du XVI° siècle, l'évêque Lindano (2), décrit cette pièce curieuse : « Tam erat Pudens iste Petro charus hospes, ut ipse tabellam donavit, quæ domini Jesu effigiem habebat, non coloribus depictam, sed opere mosaico tessulatam ; cujus fragmentum etiam nunc hodie ad d. Praxedis... videre est. Verum ipsa

(1) Le palme romain mesure 0ᵐ,223.
(2) Cité par Marangoni, *Istoria dell'antich. oratorio di S. Lorenzo*; Rome, 1747, p. 160.

facies domini, sublatis peregrinorum pia cupiditate
tesserulis, est convulsa, immo tota revulsa, relicto
tamen dominicæ faciei vestigio, quod dominum Chris-
tum oblonga, non crassa, sed macilenta et tenui fuisse
facie contestatur ; ut et veriores passim Romæ alibique
ipsius loquuntur effigies. Hoc, non parum fecit, quod
tabella litteris græcis est insertum :

PETROS O EBRAIOS (*sic*). »

Le portrait, conservé à Sainte-Praxède, a encore été
vu par Severano (1) au XVII° siècle et par Marangoni (2) au XVIII°. J'ignore ce qu'il est devenu.

SANTA MARIA IN CAMPITELLI.

D'après une communication de M. Julien Durand,
la figure du Christ conservée dans cette église est, non
pas en mosaïque (3), mais en émail champlevé.

PALAIS BORGHÈSE.

« Mosaïque byzantine pouvant dater du XIV° siècle.
Sa conservation est excellente et égale la finesse de son
exécution. Le fond est d'or, comme le veut la gloire
céleste, et les apôtres sont disposés tout autour de
leur reine qui occupe le centre du tableau. » (Mgr Bar-

(1) *Memorie sacre delle sette chiese;* Rome, 1630, t. I, p. 682.
(2) *Loc. cit.*
(3) Erra, *Storia dell' imagine e chiesa di Santa Maria in
Portico di Campitelli;* Rome, 1750. Cf. *Annales archéologiques,*
t. XXI, p. 103.

bier de Montault, dans la *Revue de l'Art chrétien*, t. XVIII, 1874, p. 152.)

COLLECTIONS DISPERSÉES.

La collection de ce genre la plus riche qui ait jamais existé, est incontestablement celle du cardinal Pierre Barbo, devenu le pape Paul II. Elle comprenait une vingtaine de tableaux en mosaïque, c'est-à-dire plus que n'en renferment aujourd'hui toutes les collections réunies de l'Europe.

Quoique la description de ces précieux spécimens de la mosaïque byzantine ait déjà été publiée ailleurs, je crois utile de la reproduire ici (1)

Item una ycona græca in qua est factus Jhesus Christus usque ad medium, habens librum in manu et benedicens, de musayco parvissimo et ornata argento deaurato sculpto novem figuris angelorum et sanctorum, decem rosis et una sede cum cruce desuper, et est valoris quindecim ducatorum.

Item una alia ycona græca cum musaico parvissimo cum figura sancti Nicolai et cum argento deaurato cum figuris sanctorum doctorum græcorum. Ipsa ycona est valoris 30 ducatorum.

Item una alia acona (sic) de musaico græca cum sancto Michaele arcangelo usque ad medium ornata argento deaurato cum octo smaltis (30 ducats).

Item una alia ycona de musaico græca, cum assumpcione beatæ Mariæ, ornata argento deaurato cum quatuor smaltis (30 duc.).

(1) *Les Arts à la Cour des Papes*, t. II, p. 201 et suiv.

Item una alia ycona de musaico græca cum figura integra S. Marinæ, ornata argento pro parte deaurato (16 duc.).

Item una alia ycona græca cum musaico parvissimo, cum istoria quomodo dominus noster ressuscitat Lazarum cum ornatu argenteo in circuitu ejus (30 duc.).

Item una alia ycona græca cum musaico parvissimo, cum figura sancti Michaelis cum ornatu de argento in circuitu ejus (20 duc.).

Item una alia ycona græca peroptime argento deaurato ornata, cum parvissimo musaico, cum figura sancti Georgii. Ipsa ancona est valoris vigintiquinque ducatorum.

Item una alia yncona græca de musaico cum istoria Pentecostes, seu spiritus sancti, cum ornatu suo argento deaurato, cum duodecim festivitatibus sculptis (80 duc.).

Item una alia yncona græca de musaico cum sancto Basilio, usque ad medium ornata argento deaurato, cum sculpturis sanctorum (10 duc.).

Item una alia yncona, magna valde, græca de musaico cum viginti septem figuris ornata argento pro parte deaurato (100 duc.).

Item una alia yncona de musaico cum Virgine Maria usque ad medium cum filio suo, de musaico, ornata auro cum sculpturis duodecim festivitatum, prima est annuciacio, etc. non est tamen pulcra, sed ornatus est pulcerimus de auro purissimo et quatuor frustra in quibus sunt sculpturæ, ponderant unc. decem et tres partes, omnes clavi vero parvi de auro ponderant simul cum uno frustro auri quod sunt catenelæ quasi unam quartam partem unciæ (10 duc.).

Item una alia yncona græca de musaico, cum Virgine Maria cum filio in bracio, usque ad medium ornata argento pro parte deaurato (12 duc.).

Item una alia yncona græca de musaico cum Virgine et filio usque ad medium (8 duc.).

Item una alia yncona parva græca de musaico cum sancto Johanne Batista, perfecto opere (14 ducats).

Item una alia yncona græca de musaico cum ornatu argento deaurato, cum Virgine Maria integra cum filio in bracio et cum sancto Joanne Baptista integro et inter eos est in quodam vase unum caput S. Joannis Baptistæ (duc. 80).

Item una alia yncona græca de musaico subtilissimo cum S. Daniele profeta, cum ornatu argento pro parte deaurato (duc. 18).

Item una alia yncona græca cum virgine Maria integra sedente cum filio in braciis, de musaico, ornata argento pro parte deaurato cum S. Georgio, ut credo a dextris, et S. Nicolao a sinistris (duc. 20).

Item una alia yncona græca de musaico cum Christo Jhesu usque ad medium, ornata argento pro parte deaurato (duc. 15).

Item una alia ancona græca de musaico, cum sancto Michaele arcangelo, usque ad medium, ornata argento pro parte deaurato (duc. 15).

Item una alia ancona græca de musaico cum sancto Nicolao usque ad medium ornata argento pro parte deaurato (duc. 14).

Item una alia yncona græca de bono musaico sancti Joannis Baptistæ, ornata argento pro parte deaurato (duc. 14).

Item una alia yncona græca de musaico grossis-

simo cum uno sancto, credo S. Jo. Grisostomo et cum duabus figuris ad pedes (duc. 6).

L'antiquaire Grimaldi († 1623) décrit plusieurs mosaïques portatives, léguées à la basilique de Saint-Pierre par le cardinal Bessarion († 1472) (1).

Ultra reliquias annotatas custodiuntur septem tabellæ antiquissimæ cum variis imaginibus et diversis reliquiis.

Prima, altitudinis unius palmi cum dimidio, cum effigie sancti Michaelis archangeli, ex opere mosayco minuto cum reliquiis sanctorum.

Secunda, similis pæcedenti, cum imaginibus Xpi et Apostolorum, designat ingressum quem habuit Salvator noster in die Palmarum in Jerusalem; est aliquantulum deleta, et habet reliquias sanctorum.

Tertia, similis ex opere mosayco antiquo et minuto cum effigie Salvatoris et reliquiis sanctæ Rufinæ virg. et mart.

Tabulæ duæ, una altera major, utraque antiquissima et in utraque reperitur depicta imago sancti Michaelis archangeli. Major donata ab Elisabetha serenissima Regina Siciliæ, licet hodie suis ornamentis spoliata, de qua inferius dicetur.

Tabulæ duæ similes, in quarum altera sunt annexa quinque imagines eburneæ, scilicet in medio effigies Christi sedentis, ex latere dextro sanctissimæ Virginis deiparæ, ex sinistra sancti Joannis Baptistæ,

---

(1) Voy. aussi sur ce legs : *Il Tesoro della Basilica di S. Pietro in Vaticano dal XIII al XV secolo*, que j'ai publié en collaboration avec M. Frothingham; Rome, 1883, p. 111 et suiv.

in inferiori vero parte apostolorum Petri et Pauli. In altera sunt quatuor aliæ similes imagines... (Voir la suite dans *les Arts à la Cour des Papes*, t. II, p. 298) (1).

Florence. OPERA DEL DUOMO.

Les deux mosaïques que l'on y conserve sont d'un fini prodigieux. Les cubes n'ont pas un millimètre d'épaisseur. Dans les visages, ils sont joints avec une telle perfection qu'il est impossible de distinguer les interstices ; il faut ajouter que, dans plusieurs parties, le vernis empêche de bien apprécier le travail de l'incrustation. Les cubes d'émail n'ont pas seuls été mis à contribution pour ce travail : le fond d'or se compose de cubes microscopiques en métal. La conservation de l'ensemble est des plus satisfaisantes ; quant au style, il est accentué et mouvementé à l'excès, surtout dans les draperies. Les deux mosaïques représentent les douze grandes fêtes (scènes de la vie du Christ). Comme elles sont décrites et gravées dans le *Thesaurus veterum diptychorum* de Gori (t. III, p. 320 à 345, et supplément de Passeri, pl. I et II), il suffit de renvoyer, pour de plus amples détails, à cette publication qui se trouve dans toutes les bibliothèques.

La collection des Médicis, si déplorablement dispersée lors de la révolution de 1494, renfermait également un certain nombre de petites mosaïques byzantines. L'inventaire — encore inédit — de Laurent le Magnifique († 1492) en mentionne un certain nombre, dont on trouvera ci-dessous la description :

(1) Milan; Bibliothèque Ambrosienne : *Catalogus*, I, 87, fol. 71.

*Un altra tavoletta quadra dentrovi uno san Gio-
vanni Batista di musaicho fine fregio atorno di tra-
fori e lettere d'ariento dorato, lavorato alla grecha =
fiorini 25.*

*Un altra tavoletta maggiore dentrovi una fighura
di san Giovan Batista da mezzo in su chon isguancio
e freghatura d'ariento traforato e a lettere greche,
chon 10 chompassi di meze figure di mosaicho = f. 80.*

*Un altra tavoletta maggiore di br.. 2/8 in che è
dentrovi una fighura di santo Piero da mezzo in su
di musaicho, fregatura intorno d'ariento dorato,
chon dieci chompassi entrovi più storiette di rilievo,
lavoro grecho = f. 30.*

*Un altra tavoletta minore drentovi una Nostra Don-
na ritta di musaicho, un poco guasta, chon fregatura intorno d'ariento dorato compartita di fili, chon
otto chompassi et chon mezze fighure et di mezzo
rilievo = f. 20.*

*Un altra tavoletta tutta d'ariento e smaltato fre-
gatura et chonpassi dua fighure in detto fregio, uno
san Piero et uno santo Pagholo, una figura d'uno
Christo in mezzo e ritta, di musaicho = f. 30.*

*Una tavoletta suvi una storia del Giudizio, di mu-
saico, con freghatura d'ariento intorno con piu fo-
gliami di mezo rilievo, otto chompassi, dentrovi
meze fighure di mezo rilievo = f. 20.*

*Una tavoletta di mezo braccio, drentovi una Nun-
tiata di musaicho, fregatura atorno d'ariento dorato chon otto chompassi di traforo chon figure di
mezo rilievo = f. 40 (1).*

(1) Voir sur l'inventaire, auquel sont empruntés ces passages,
la *Revue archéologique*, octobre 1879.

Venise. Saint-Marc.

Tableau en mosaïque de 0ᵐ, 20 de haut environ, représentant saint Jean-Baptiste, avec l'inscription O ΑΓΙΟC ΙΩ Ο ΠΡΟΔΡ· — Décrit par M. Julien Durand dans les *Annales archéologiques*, t. XXI, p. 102-103.

Santa Maria della Salute.

Mosaïque représentant la Vierge avec l'Enfant Jésus et portant l'inscription suivante : Μήτηρ Θεοῦ ἡ Ἐλεοῦσα. — J. Durand, *loc. cit.*

ALLEMAGNE.

Donauwerth.

Gretzer s'exprime ainsi au sujet d'un reliquaire de la Vraie Croix conservé de son temps dans cette ville : « Septenas continet imagines ex opere tessellato, mosaico, seu musivo, quo imaginum genere olim Graeci delectabantur (1). »

Fiorillo, qui décrit le même ouvrage comme se trouvant dans le couvent de la Sainte-Croix à Donauwerth, signale les figures de saint Jean-Baptiste, de saint Jean-l'Évangéliste, de saint Pierre, de saint Paul, de la Vierge avec l'enfant, et des archanges Gabriel et Michel (2).

(1) Ajoutons que M. J. Durand est disposé à croire qu'il s'agit d'émaux cloisonnés : *Annales archéologiques*, t. XXI, p. 103.

(2) *Geschichte der zeichnenden Künste in Deutschland und den vereinigten Niederlanden*, t. I; Hanovre, 1815, p. 93, 94.

Burtscheid.

L'abbaye possède une mosaïque que le chanoine Bock attribue, mais sans fondement sérieux, au Ve siècle. Cette image, qui mesure 1'10" de haut sur 10",3''' de large, représente saint Nicolas de Myra. Le saint est vu de face et à mi-corps; un nimbe ceint sa tête; de la main droite, il bénit selon le rite grec, de la gauche, voilée, il tient un livre. Des épaules descend un pallium orné de deux croix. A côté de lui est tracée cette inscription :

O N
A I
Γ K
I O
O A
C A
  O
  C

Le cadre qui entoure l'image est orné de bas-reliefs en argent, que M. Bock dit exécutés au XIIIe siècle, et de pierres en cabochon.

On trouvera la gravure et la description de cette mosaïque dans la brochure de M. Bock (1).

ANGLETERRE.

Londres. SOUTH KENSINGTON MUSEUM.

L'Annonciation, n° 7231.60, XII-XIIIe siècles, avec les inscriptions suivantes : O ΕΥΑΓΕΛΙΣΜΟC–MP ΘΥ. — O ΑΡΧΑΓΓΕΛΟΣ ΓΑΒΡΙΙΙΑ. — (Gravure sur bois dans la *Gazette des Beaux-Arts*; 1859, t. I, p. 157). L'auteur de l'article qui accompagne la gravure, M. A. Darcel, s'exprime ainsi au sujet de cette mosaïque : « Les petits prismes dont elle est formée, assemblés sur un lit de

(1) *Die Reliquien Schätze der ehemaligen gefürsteten Reichs Abteien Burtscheid und Cornelimünster*; Cologne, 1867, p. 16, 17.

cire qui les fixe, sont de même nature que ceux de la
mosaïque du Louvre, mais de dimensions telles, et
assemblées avec une si grande perfection, qu'il faut la
loupe pour les distinguer par places. Les matières
employées sont : l'or pour le fond, les lignes de
l'architecture, celles des meubles et du pavage ;
l'argent pour certains ornements ; le lapis pour les
bleus, comme la robe de la Vierge, peut-être le
vert antique, pour la robe de l'archange ; le rouge
antique, pour le brun du manteau de la Vierge ; des
pierres siliceuses pour les blancs, et probablement des
pâtes de verre pour les teintes dégradées et le rouge. »
— *Gazette des Beaux-Arts*, 1859, t. I, p. 157, 161, 162.
Cette mosaïque, autrefois dans la collection Delange,
a été acquise en 1859, au prix de 75 liv., par le South-
Kensington Museum.

BELGIQUE.

Chimay. ÉGLISE DE SS. PIERRE ET PAUL.

Petit tableau représentant le *Christ en buste.* — (Renseignement communiqué par M. Julien Durand.)

RUSSIE.

Saint-Pétersbourg. COLLECTION BASILEWSKY.

« *Le prophète Samuel*, n° 79. Haut., 0ᵐ,155 ; larg.,
0ᵐ,070. Un personnage nimbé, à longue barbe noire,
coiffé de longs cheveux roux, vêtu d'une robe alaire
d'or, à deux bandes verticales rouges, et drapé d'un
ample manteau brun, pieds chaussés de sandales,
debout, les deux mains ouvertes devant lui, tourné de

profil à droite. Au-dessus, la main de Dieu bénissant à la grecque, sortant des nuages. Dans le haut, à gauche, quelques lettres d'une inscription grecque, qui doit être

CAM

OUHA

Fond de carreaux bleus et rouges alternés croisetés de blanc, seulement visible dans le bas. Bordure or, rouge, blanc et bleu ; seconde bordure en imitation peinte. Les petits cubes dont est formée cette mosaïque sont fixés sur une couche de cire blanche, apparente dans toute la partie supérieure du fond.

Saint Théodore, n° 80. Haut., 0ᵐ,080 ; larg., 0ᵐ,065. « Saint Théodore, vu jusqu'à mi-corps, de face, nimbé, la tête entourée d'une ample chevelure rousse, portant une barbe plus foncée terminée en pointe, vêtu d'une cuirasse brun roux, croisetée d'or avec épaulières à franges, en partie recouverte d'un manteau bleu agrafé sur l'épaule droite. A droite, la partie supérieure d'un bouclier bleu bordé de rouge, à ornements d'or, et traversant la figure de gauche à droite, une lance que doit tenir la main droite, entièrement disparue. Nimbe rouge, croiseté d'or, ponctué de blanc, fond d'or, portant de chaque côté de la tête deux cartouches bleus superposés, où sont inscrits en lettres d'or :

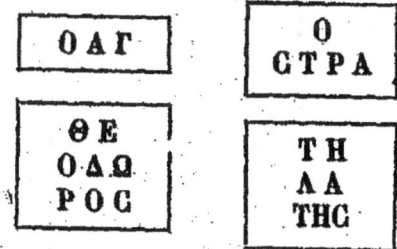

Petits cubes incrustés dans une couche de cire

blanche. » Darcel, *Collection Basilewsky*, *Catalogue raisonné*, p. 25.

Dans la description archéologique de Novgorod et de ses environs (Moscou, 1860, t. II, p. 163-166), l'archi-mandrite Macarius parle de six tableaux en mosaïque (icones) conservés au monastère d'Antoine le Romain. Mais, d'après une communication de M. Kondakoff, il s'agit d'émaux cloisonnés, non de mosaïques.

GRÈCE.

Mont Athos. Couvent de Vatopédi.

Tableau en mosaïque, représentant la Crucifixion. Comme caractéristique, le Christ porte un jupon descendant jusqu'aux genoux environ, et ses pieds sont cloués séparément. De chaque côté de la croix, en l'air, un ange qui se désole. A gauche saint Jean, à droite la Vierge avec le costume habituel. Le cadre paraît en argent doré et repoussé ; douze scènes y sont figurées, parmi lesquelles on citera : l'Annonciation ; la Naissance ; la Présentation, la Mort de la Vierge ; la Pentecôte ; l'Ascension ; les saintes Femmes au sépulcre ; la Résurrection avec la Délivrance des limbes (Communication de M. Charles Bayet).

Voir également sur les mosaïques du Mont Athos la lettre de M. Odobesco, publiée dans les *Annales archéologiques*, t. XXVII, p. 261-263, et le compte-rendu de l'expédition de M. de Sevastianoff ; *Ibid.*, t. XXI, p. 176.

Cennino Cennini (1) et Vasari parlent d'un genre de mosaïque qui offre de certaines analogies avec le précédent et qui se composait de fragments de coquilles d'œufs. « Gaddo Gaddi († vers 1333), nous dit Vasari, datosi a fare piccole tavolette di musaico, ne condusse alcune di guscia d'uova con diligenza e pacienza incredibile; come si può, fra le altre, vedere in alcune che ancor oggi sono nel tempio di San Giovanni di Firenze Si legge anco che ne fece due per il re Ruberto, ma non sene sa altro (2). »

La galerie des Offices possède un petit tableau en mosaïque, représentant le Christ à mi-corps, vu de face, la main droite appuyée contre sa poitrine ; dans la gauche, un livre ouvert, contenant des caractères grecs. A côté de lui l'inscription ic xc. La mosaïque se compose des petits fragments en question (pezzi di guscii d'novo) ; le fond est doré ; une sorte de méandre sert de bordure (3).

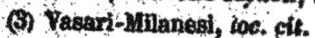

(1) *Il libro de l'arte*, éd. Milanesi, p. 123-125.
(2) Édit. Milanesi, t. I, p. 348. Cf. Labarte, *Histoire des Arts industriels*, nouvelle édition, t. II, p. 380.
(3) Vasari-Milanesi, *loc. cit.*

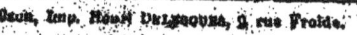

Caen, Imp. Henri Delesques, 2, rue Froide.

www.ingramcontent.com/pod-product-compliance
Lightning Source LLC
Chambersburg PA
CBHW070958240526
45469CB00016B/1880